AF290097

RÉDIGER UN CV EFFICACE

Les conseils pour booster votre CV sans tricher

Par Pierre Latour

RÉDIGER UN CV EFFICACE

- **Problématique ?** Comment booster son CV ?
- **Utilité ?** Le CV est le meilleur argument de vente d'une personne en recherche d'emploi. C'est avec ce document qu'il faudra convaincre le potentiel futur employeur d'aller plus loin dans le processus de recrutement
- **Contexte professionnel ?** Recherche d'emploi
- **FAQ ?**
  - Mon CV, avec ou sans photo ?
  - Faut-il accompagner mon CV d'une lettre de motivation ?
  - Comment structurer mon CV ?
  - Qu'en est-il du format de CV européen ?
  - Comment dois-je organiser les informations ?
  - Comment structurer mon argumentation ?
  - Quelle est la longueur conseillée ?
  - Comment structurer mes expériences professionnelles ?
  - Comment justifier un licenciement ou un poste à durée limitée ?

○ <u>Faut-il mentionner ses prétentions salariales sur le CV ?</u>

Que vous sortiez des études ou que vous soyez en période de transition professionnelle, votre *curriculum vitae* – du latin signifiant « la course/la carrière de la vie » – doit devenir votre meilleur allié dans la vie professionnelle. Au-delà du fait que celui qui le parcourt doit pouvoir se faire une idée précise de votre formation et de votre expérience, votre CV est le reflet de votre capacité à structurer vos idées, vos ambitions ainsi que les moyens que vous mettez en œuvre pour parvenir à vos fins.

Le négliger est donc une erreur monumentale ! Prenez les choses en main pour réussir à convaincre votre potentiel futur employeur que VOUS êtes la personne qu'il lui faut, celle qui correspond parfaitement au poste pour lequel vous postulez.

LE B.A.-BA DU CHERCHEUR D'EMPLOI

Dans l'univers du travail, pour un employeur qui ne vous connaît pas, votre CV fait en quelque sorte office de carte d'identité. Lorsque vous postulez, ce document, qui semble anodin, occupe une place centrale : consulté d'emblée par la personne en charge du recrutement, il constitue votre premier argument de vente. À ce stade, il est impératif de mettre toutes les chances de votre côté pour faire bonne impression.

Pour retenir toute l'attention d'un recruteur, un CV doit obligatoirement répondre à certaines exigences de qualité tant au niveau du fond que de la forme. Le respect de ces us et coutumes permettra à un employeur potentiel d'apprécier votre candidature à sa juste valeur et de mieux percevoir toutes les subtilités de votre profil.

CONVAINCRE TOUT DE SUITE !

Temps consacré à la lecture d'un CV

Une étude réalisée mi-2014 par le site canadien *Workopolis* a démontré que les CV électroniques ont fondamentalement changé la manière dont les candidatures sont traitées par les recruteurs. L'étude met en lumière le fait que près de 60 % des employeurs canadiens ne consacrent pas plus de 11 secondes aux CV qu'ils reçoivent en ligne ou via leurs logiciels de traitement. Cette même étude indique que 80 % des CV sont éliminés lors de la première lecture. Concrètement, cela signifie que le fond et la forme d'une candidature sont extrêmement importants.

L'envoi du CV, par voie postale ou électronique, constitue la première étape du processus de recrutement et de sélection. L'objectif est de présenter efficacement votre profil à un employeur en mettant en avant vos atouts et vos perspectives d'avenir pour lui donner envie de vous rencontrer. Gardez donc bien à l'esprit qu'il vous faut convaincre le recruteur que vous avez le profil requis pour le poste à pourvoir ! Vu le peu de temps que consacre celui-ci à la lecture d'un CV, vous noterez que sa rédaction ne s'improvise pas.

Il s'agira également de démarquer votre CV de ceux des nombreux autres candidats. L'exercice n'est pas facile puisque vous devez non seulement exposer clairement que vous possédez les compétences et les connaissances requises pour le poste, mais aussi que votre profil est plus intéressant que celui des autres candidats. Cette situation est particulièrement problématique dans le cadre de postes pour lesquels une recommandation par un employé ou une connaissance n'est pas possible.

UN CV NE REMPLACE PAS UNE INTERVIEW

Lorsque vous rédigez votre CV, ne perdez pas de vue le fait que vous pourriez être convoqué pour une interview, auquel cas ce document sera votre meilleur partenaire. Bien écrit et structuré, il permettra au recruteur de rapidement cerner votre parcours et votre profil. Indirectement, l'impression donnée par la lecture du CV conditionnera le recruteur et sa perception de votre démarche de recherche d'emploi.

Vous devez également vous rendre compte que chaque détail présenté sur votre CV est susceptible d'être abordé par le recruteur : vous devez donc pouvoir justifier sa pertinence par rapport au poste convoité. Truquer votre CV n'est donc pas recommandé dans la mesure où une question piège lors d'une interview pourrait se retourner contre vous et ruiner vos chances d'obtenir le poste. Choisissez plutôt de mettre en avant vos véritables atouts et vos compétences réelles.

RÉDIGER UN CV ADAPTÉ À L'OFFRE

Si l'objectif d'un CV est de convaincre en un temps record, il vous faut présenter efficacement vos parcours scolaire, professionnel et personnel (lorsque c'est relevant). Ceux-ci doivent permettre à tout potentiel employeur de comprendre les spécificités de votre profil et les atouts qui rendent votre candidature unique. Si le recruteur franchit cette étape et décide d'approfondir sa lecture, il est important que vous facilitiez son analyse en structurant clairement les informations. Chaque détail doit pouvoir justifier une véritable valeur ajoutée.

Pour optimiser les chances d'être appelé pour une interview et de continuer le processus de recrutement, un CV doit être adapté à la fonction pour laquelle vous postulez afin que les compétences que vous mettez en évidence concordent avec l'offre d'emploi. À ce stade, il est indispensable de se faire une idée précise de l'entreprise qui engage – notamment via leur site Internet – pour comprendre sa vision et ses valeurs et articuler ses arguments en conséquence.

Une fois votre analyse de l'entreprise terminée, attelez-vous à dresser la liste des éléments qui ont marqué votre parcours jusqu'à présent, des expériences mineures aux plus significatives. Certains éléments seront sélectionnés – en fonction du poste désiré – lors de la rédaction du CV. Il est donc intéressant de tout reprendre depuis le début et de passer en revue chacun des éléments de votre parcours pour mieux mettre en avant les expériences et les éléments en adéquation avec l'offre d'emploi.

Cette approche offre des avantages :

- vous vous familiarisez avec le contenu ;
- vous renforcez votre expérience de rédaction d'un CV.

LES INFORMATIONS INCONTOURNABLES

Bien que cela puisse paraître logique, votre CV doit mentionner vos coordonnées complètes et permettre une prise de contact facile et rapide, que ce soit pour fixer un entretien d'embauche ou une interview téléphonique. Parmi ces informations, on retiendra notamment :

- votre nom ;
- votre prénom ;
- votre date de naissance ;
- votre numéro de registre national ;
- votre adresse postale ;
- votre adresse email (veillez à inscrire une adresse qui fasse professionnel, ex. : nom.prénom@xxx.com)
- votre numéro de téléphone ou de portable.

Ajoutez également un titre qui résume en quelques mots votre profil. Évitez les termes « Jeune diplômé enthousiaste et disponible » qui ne renseigne pas sur vos compétences, mais privilégiez plutôt un titre tel que « Commercial avec 5 ans d'expérience dans le secteur pharmaceutique » par exemple.

N'hésitez pas à noter ces informations basiques, mais primordiales, sur les autres documents que comprend votre candidature, car il peut en effet arriver que les recruteurs impriment un CV pour en discuter avec un collaborateur et ne parviennent pas à retrouver votre profil par la suite. Facilitez-leur donc la tâche !

ORGANISER SON CV EN TROIS RUBRIQUES MAJEURES

La norme veut qu'un CV soit structuré en trois rubriques distinctes et facilement identifiables :

- le parcours scolaire et/ou académique ;
- l'expérience professionnelle ;

- les centres d'intérêts et activités complémentaires.

Pour chacune des rubriques, vous devez sélectionner les éléments les plus pertinents par rapport au poste qui vous intéresse. Concrètement, passez en revue chaque étape de votre parcours professionnel, scolaire et extra-professionnel afin de sélectionner les éléments qui vous mettront le plus en valeur. Cette répartition relativement standard aide le recruteur à identifier vos connaissances, vos compétences, votre expérience, votre expertise ainsi que certaines caractéristiques liées à votre personnalité. Il est entendu qu'en fonction du poste convoité, les informations reprises sur votre CV devront être adaptées.

ORDRE ANTICHRONOLOGIQUE

Il est d'usage que les informations soient structurées par ordre antichronologique : l'expérience la plus récente doit figurer en premier lieu.

Cette pratique, qui nous vient des pays anglo-saxons, tend à s'imposer, car elle attire d'emblée l'attention sur les informations les plus récentes vous concernant, et ce, dans tous les domaines. D'une logique implacable, cette manière de structurer l'information est fortement appréciée par les recruteurs qui s'intéressent particulièrement à vos expériences et à vos compétences actives et directement exploitables.

Première section – L'expérience professionnelle

Les postes dans lesquels vous avez accumulé une expérience pertinente par rapport au poste convoité doivent être mis en évidence. Pensez à lister vos réalisations et missions les plus importantes en dessous des titres des principaux postes occupés. Pour les expériences plus anciennes, vous pouvez vous limiter à préciser uniquement les années d'occupation. De ce descriptif de poste rédigé sous forme de liste à puces découleront vos connaissances et votre savoir-faire aux yeux de l'employeur. Précisez également les dates de début et de fin de chaque poste occupé, l'idéal étant d'indiquer le mois et l'année.

Ne négligez pas l'impact que peuvent avoir les périodes d'inoccupation sur votre CV. Puisqu'elles font partie intégrante de votre vie et que mentir à ce sujet pourrait se retourner contre vous, pensez à pouvoir les justifier lors de l'entretien.

Nos conseils :

- pour les travailleurs expérimentés. Allez à l'essentiel, il est inutile de lister tous les postes que vous avez occupés depuis la fin de votre formation. Seuls les expériences et les postes occupés ces cinq à dix dernières années seront vraiment pris en compte par l'employeur.
- pour les jeunes diplômés.
  - La section « Formations » doit être située avant la section « Expérience profession-nelle », puisqu'elle regroupe les éléments les plus importants du CV du candidat.
  - Les stages et les jobs d'étudiants doivent

évidemment mis en avant. L'idée étant de démontrer une expérience (aussi minime soit-elle) sur le marché de l'emploi.

- ◦ Si vous n'avez pas d'expérience pertinente à présenter, tentez de combler ce manque en ajoutant les aspects pratiques rencontrés pendant vos études (travaux de groupe, projets, etc.).

Deuxième section – Les formations

Listez les formations que vous avez suivies, de la plus récente à la plus ancienne. Soyez à la fois précis tout en allant à l'essentiel. Ne citez donc vos spécialisations éventuelles que si elles peuvent trouver un écho particulier dans la fonction pour laquelle vous postulez.

- UTILE : détailler davantage les formations les plus adaptées à la fonction. Pensez dès lors à donner plus d'explications en mentionnant les tâches ou les projets réalisés. Cela attirera certainement l'attention du recruteur lorsqu'il parcourra votre CV.
- INUTILE : énumérer toutes les formations que vous avez suivies. L'idéal est de ne reprendre

que les principales formations (centres de formation, universités, écoles de commerce, etc.) ainsi qu'éventuellement l'école fréquentée si celle-ci a bonne réputation. Le recruteur ne désire pas tout savoir : il veut pouvoir rapidement cerner votre parcours dans les grandes lignes.

Si vous n'avez pas obtenu le diplôme d'une formation suivie ou si vous avez échoué à l'examen, il est important de noter la mention « niveau » devant le diplôme. Aux yeux du recruteur, tant que l'échec peut être justifié lors de l'interview, cette formation pourra avoir une influence positive, puisque cela prouve que vous avez suivi la formation et que vous avez probablement acquis des compétences et des connaissances.

ATTENTION

Des diplômes tels que le permis de conduire peuvent être repris dans la section « centres d'intérêt et autres activités », mais uniquement s'ils vous semblent pertinents dans le cadre de la fonction qui vous intéresse.

Troisième section – Les centres d'intérêt et activités complémentaires

Évitez de transformer cette section de votre CV en fourre-tout. L'objectif ici est aussi de vous mettre en valeur à travers vos activités extra-professionnelles. Avisez-vous donc de ne mentionner que des compétences en rapport avec la fonction, telles que :

- vos connaissances linguistiques ;
- vos compétences informatiques, etc.

Pour ces deux points, n'oubliez pas de préciser votre niveau – choisissez une terminologie cohérente dans tout le document : par exemple « notions », « bonnes notions » ou « moyen », « courant », « bilingue », « langue maternelle »/« expérimenté » – et attendez-vous à être testé lors de l'entretien avec le recruteur. Encore une fois, les informations erronées sont à exclure, si vous ne désirez pas être confronté à un échec cuisant lors de l'interview ! Quoi qu'il en soit, il est indispensable que votre niveau soit au minimum en adéquation avec les attentes et demandes de l'entreprise.

Enfin, terminez par lister vos hobbys et loisirs en gardant en tête que l'objectif est d'aller à l'essentiel et de vous démarquer aux yeux du recruteur. Tentez de ne mentionner que des occupations ou des responsabilités qui sous-entendent des compétences ou des aptitudes en lien avec la fonction et vos ambitions professionnelles.

Cette section du CV permet de fournir à l'employeur des indications sur votre personnalité : esprit d'équipe, engagement sociétal, curiosité, etc. C'est aussi souvent une manière de créer un lien avec le recruteur s'il partage une passion commune avec vous. Dans tous les cas, évitez de mentionner des activités sensibles, qui risqueraient de vous pénaliser : bannissez donc toute mention relative à des activités politiques, religieuses ou philosophiques.

ATTENTION !

Soyez également conscients que votre CV – et votre lettre de motivation – n'est que la partie visible de votre candidature. Un recruteur intéressé par votre profil cherchera certainement des informations vous concernant sur Internet et sur les réseaux sociaux. Pensez donc à mettre à jour votre profil sur des sites tels que LinkedIn ou Viadeo. Dans le même ordre d'idée, assurez-vous que vos paramètres de confidentialité sont bien réglés sur Facebook et autres réseaux sociaux du genre, pour éviter que votre sphère privée ne vienne influencer vos chances de sélection (photos taguées, partage d'états d'âme, etc.).

Sonia Pérez Vazquez
Paseo de la Castellana, 200,
28046 Madrid, Espagne
Espagnole – 25 ans
+34 6xx xxx xxx
s.perezvazquez@xxx.com

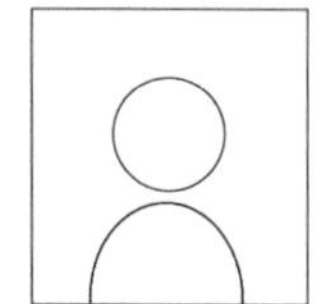

5 bonnes raisons de m'engager :
- Capacité d'apprentissage rapide
- Esprit d'entreprise
- Recherche de solutions
- Passion pour la négociation
- Profil international

Expérience professionnelle

Depuis 12/2014
Gestionnaire de projet, *Traducciones Instantáneas*, Madrid, Espagne
Gestion de projets de traductions. Recrutement de traducteurs, négociations de délais de livraison, organisation des formations pour les nouveaux traducteurs.

11/2012 – 08/2014
Assistante commerciale, *Harrods,* Londres, Royaume-Uni
Prospection de nouveaux clients et service clientèle.

01/2012 – 07/2012
Responsable boutique, *Décathlon,* Madrid, Espagne
Service clientèle, gestion des stocks et des inventaires.

Formation

09/2012 – 08/2014
Master en Gestion de projets, *Middlesex University,* Londres
- Université Middlesex de Londres (1 ère année)
- Université de Berkeley, Californie (2 ème année)

2008 – 2010
Licence de Traduction et d'Interprétariat, *Universidad Complutense,*Madrid.

Activités extrascolaires

09/2012 – 08/2014
Association des étudiants hispanophones, *Middlesex University,* Londres
Organisation et animation des ateliers de conversation en espagnol.

2008 – 2010
Coach de l'équipe de basket-ball, *Colegio San Agustín,* Espagne
Organisation des entrainements et des matchs de deux équipes de basket-ball d'enfants de 9 à 12 ans.

Langues

- Espagnol : langue maternelle
- Anglais : bilingue
- Français : niveau courant
- Allemand : notions

TOP CONSEILS

- Évitez d'utiliser du papier de couleur : privilégiez un CV sobre, clair et structuré. Si vous utilisez des couleurs dans votre CV, soyez parcimonieux et restez cohérent (uniquement sur les titres des sections par exemple).
- Commencez votre CV par un titre ou par quelques informations cruciales qui définissent votre profil.
- Privilégiez des polices de caractère classiques et sérieuses, de type « Arial », « Times New Roman » ou « Calibri », aux polices de caractère trop fantaisistes (sauf si vous postulez pour une fonction créative).
- Évitez l'italique et osez le gras. Afin d'attirer l'attention du recruteur sur certains éléments, mettez des mots en gras pour créer une hiérarchie dans les informations et mettre certains éléments en évidence. Le style italique est souvent plus difficile à lire.

- Adaptez la terminologie et vos compétences à celles recherchées par l'employeur afin de démontrer que vous êtes le candidat idéal pour le poste.
- Pour les énumérations, utilisez les tirets ou les listes à points au lieu d'organiser l'information sous forme de longs textes pour en faciliter la lecture et la perception que l'on se fera de vous.
- Soyez cohérent dans la manière de lister les éléments sur votre CV. Si vous faites mention d'un employeur, notez par exemple toujours son nom suivi du poste occupé. Faites de même lorsque vous exposez votre parcours académique et scolaire.
- Soignez votre orthographe. Faites relire votre CV par une connaissance douée en orthographe avant de l'envoyer. Les recruteurs sont particulièrement sensibles à ce genre de détails et ne perdront pas de temps avec un CV comportant des fautes.
- Consultez vos amis ou vos connaissances pour leur demander leur avis et ce qu'ils retiennent à la lecture de votre CV. Cette démarche simple vous permettra de vous assurer que votre document est cohérent et reflète bien votre profil.

- Tenez votre CV à jour. Qu'il s'agisse de vos coordonnées (téléphone, adresse, email), de vos expériences ou des connaissances acquises au cours de vos dernières occupations et/ou réalisations, votre CV doit constamment être présentable.

FAQ

MON CV, AVEC OU SANS PHOTO ?

Bien que non obligatoire, certains préconisent la présence d'une photo dans le coin supérieur droit du CV. Si vous décidez d'en placer une, veillez néanmoins à ce qu'elle soit parfaitement adaptée et professionnelle. Oubliez donc vos photos de vacances, de fête ou de plage. De manière générale, n'y recourrez que si elle est à votre avantage et dans un cadre professionnel.

VIE PRIVÉE VS. VIE PROFESSIONNELLE

Si vous êtes à la recherche d'un emploi, pensez à adapter également votre profil sur les réseaux sociaux. Essayez de rester présentable partout où le recruteur pourrait trouver des informations sur vous (Facebook, Linkedin, Viadeo, etc.). Une sphère privée trop dévoilée peut en effet avoir un impact négatif sur votre candidature.

FAUT-IL ACCOMPAGNER MON CV D'UNE LETTRE DE MOTIVATION ?

La lettre de motivation joue un rôle primordial auprès du recruteur. Vraiment incontournable, elle complète magistralement votre CV puisqu'elle est orientée, pensée et rédigée spécialement en fonction de l'entreprise et du poste à pourvoir. Son objectif est d'amener l'employeur à faire des liens entre votre profil, votre personnalité, vos compétences (présentés sur votre CV) et votre motivation. Pensez à vous mettre à la place du recruteur et à mettre en avant vos atouts en vous posant la question : en quoi suis-je intéressant(e) pour lui en regard de l'activité de son entreprise ?

Si vous postulez de manière spontanée, n'hésitez pas à transmettre votre CV et votre lettre de motivation à vos contacts et connaissances qui travaillent dans l'entreprise en leur demandant de vous recommander auprès des ressources humaines ou de leurs collègues. Cela augmentera vos chances.

COMMENT STRUCTURER MON CV ?

La plupart des recruteurs apprécient des CV structurés en trois sections parce que cela permet de rapidement cerner le profil d'un candidat. La structure recommandée est la suivante :

- Expérience professionnelle
- Formations
- Centres d'intérêt et autres activités

Dans le cas de fonctions plus créatives, notamment dans le domaine culturel ou artistique, la créativité sera néanmoins appréciée par les recruteurs.

QU'EN EST-IL DU FORMAT DE CV EUROPÉEN ?

À moins d'être exigé par le recruteur, le format de <u>CV européen</u> est à éviter pour deux raisons majeures :

- il peut rapidement sembler déstructuré et long puisqu'il se déploie sur plusieurs pages sans pour autant être dense ;

- il ne facilite pas la lecture, ce qui est particulièrement malvenu au vu du court laps de temps
que prend un recruteur pour parcourir un CV.

COMMENT DOIS-JE ORGANISER LES INFORMATIONS ?

Les informations et les étapes de votre parcours
doivent être listées dans un ordre antichronologique, de la plus récente à la plus ancienne.

COMMENT STRUCTURER MON ARGUMENTATION ?

Évitez les longs paragraphes et les longues
phrases et, puisque l'objectif est d'aller à l'essentiel, privilégiez les listes à points. Limitez-vous à
deux ou trois par expérience.

QUELLE EST LA LONGUEUR CONSEILLÉE ?

Dans le but de faciliter la lecture d'un CV, il est
recommandé de regrouper toutes les informations sur une seule page. Il existe néanmoins
quelques exceptions, notamment dans le secteur
académique où les chercheurs ont l'habitude de

lister toutes leurs expériences et conférences en plus des rapports qu'ils ont publiés.

Si vous ne parvenez pas à faire tenir votre CV sur une ou deux pages, c'est que certaines expériences et formations retenues sont superflues. Ne tentez pas de tricher en réduisant la police en dessous de 11 pts ou les marges, cela n'augmentera certainement pas vos chances de sélection... que du contraire !

COMMENT STRUCTURER MES EXPÉRIENCES PROFESSIONNELLES ?

Le plus important aux yeux du recruteur est que vous puissiez justifier les différentes étapes de votre CV. Le fil rouge et les liens que vous parviendrez à établir entre les postes occupés et les formations que vous avez suivies ne feront qu'augmenter votre valeur.

COMMENT JUSTIFIER UN LICENCIEMENT OU UN POSTE À DURÉE LIMITÉE ?

De manière générale, les recruteurs apprécient les candidats qu'ils peuvent considérer comme stables, c'est-à-dire qui cumulent des expériences professionnelles significatives souvent équivalentes à une durée d'un an et demi, voire deux ans. Pour les expériences plus courtes, il est important de préciser s'il s'agissait d'un contrat à durée déterminée.

- Dans le cas d'un licenciement, il faudra être prêt à vous justifier lors de l'interview du recruteur et d'expliquer ce qui s'est passé.
- Dans le cas d'un licenciement pour motif économique, la raison est évidente.

Ce qui importe lorsque vous abordez ce genre de sujets délicats avec un recruteur, c'est de ne pas critiquer votre ancienne entreprise. Montrez plutôt que vous avez tiré les leçons de cette expérience même si cela vous fait encore de la peine.

FAUT-IL MENTIONNER SES PRÉTENTIONS SALARIALES SUR LE CV ?

Ne mentionnez jamais vos prétentions salariales sur votre CV. En revanche, lorsque vous préparez votre interview, renseignez-vous sur la fourchette de salaire correspondant au poste à pourvoir via :

- des études disponibles sur Internet et/ou dans les magazines spécialisés ;
- des échos d'amis travaillant dans le secteur ;
- des cabinets de chasseurs de têtes.

EN RÉSUMÉ ET À TITRE D'EXEMPLE

Sonia Pérez Vazquez
Paseo de la Castellana, 200,
28046 Madrid, Espagne
Espagnole – 25 ans
+34 6xx xxx xxx
s.perezvazquez@xxx.com

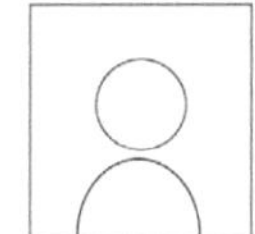

5 bonnes raisons de m'engager :
• Capacité d'apprentissage rapide
• Esprit d'entreprise
• Recherche de solutions
• Passion pour la négociation
• Profil international

Expérience professionnelle

Depuis 12/2014
Gestionnaire de projet, *Traducciones Instantáneas*, Madrid, Espagne
Gestion de projets de traductions. Recrutement de traducteurs, négociations de délais de livraison, organisation des formations pour les nouveaux traducteurs.

11/2012 – 08/2014
Assistante commerciale, *Harrods*, Londres, Royaume-Uni
Prospection de nouveaux clients et service clientèle.

01/2012 – 07/2012
Responsable boutique, *Décathlon*, Madrid, Espagne
Service clientèle, gestion des stocks et des inventaires.

Formation

09/2012 – 08/2014
Master en Gestion de projets, *Middlesex University*, Londres
• Université Middlesex de Londres (1 ère année)
• Université de Berkeley, Californie (2 ème année)

2008 – 2010
Licence de Traduction et d'Interprétariat, *Universidad Complutense*,Madrid.

Activités extrascolaires

09/2012 – 08/2014
Association des étudiants hispanophones, *Middlesex University*, Londres
Organisation et animation des ateliers de conversation en espagnol.

2008 – 2010
Coach de l'équipe de basket-ball, *Colegio San Agustín*, Espagne
Organisation des entrainements et des matchs de deux équipes de basket-ball d'enfants de 9 à 12 ans.

Langues

• Espagnol : langue maternelle
• Anglais : bilingue
• Français : niveau courant
• Allemand : notions

Votre avis nous intéresse !
Laissez un commentaire sur le site de votre
librairie en ligne et partagez vos coups de cœur sur
les réseaux sociaux !

www.50minutes.fr

ISBN ebook : 978-2-8062-6146-5
ISBN papier : 978-2-8062-6147-2
Dépôt légal : D/2014/12603-363
Photo de couverture : © rh2010 -Fotolia.com

Conception numérique : Primento,
le partenaire numérique des éditeurs